AF337859

RAPPORT DE LA COMMISSION

CHARGÉE

D'EXAMINER LES CONDITIONS DE L'EXPLOITATION DU CANAL

A

M. FERDINAND DE LESSEPS

PRÉSIDENT-DIRECTEUR

De la Compagnie universelle du Canal maritime de Suez.

PARIS

IMPRIMERIE CENTRALE DES CHEMINS DE FER

A. CHAIX ET Cie

RUE BERGÈRE, 20, PRÈS DU BOULEVARD MONTMARTRE

1868

RAPPORT DE LA COMMISSION

CHARGÉE

d'examiner les conditions de l'exploitation du Canal,

A

M. FERDINAND DE LESSEPS

PRÉSIDENT-DIRECTEUR

**De la Compagnie universelle du Canal maritime
de Suez.**

MONSIEUR LE PRÉSIDENT,

Avant de faire connaître à la marine universelle les conditions dans lesquelles le Canal maritime de Suez doit être définitivement ouvert à la navigation le 1er octobre 1869, vous avez cru devoir appeler l'examen d'une commission spéciale sur les plus importantes de ces conditions.

Un exposé, daté du 16 octobre 1868, appelait l'attention de la Commission sur les points à examiner et un *questionnaire*, publié à la fin de votre exposé, précisait les questions qui lui étaient soumises.

Le but de ses travaux était ainsi défini : « Rendre la
» traversée du Canal la plus rapide et la plus facile
» possible, pour tous les navires, dans la mesure de
» la conservation des travaux exécutés, et dans les con-
» ditions les plus économiques pour la Compagnie,
» afin de réserver aux actionnaires les bénéfices les
» plus larges. »

La Commission se réunissait pour la première fois, après plusieurs séances préparatoires, le 16 octobre dernier.

Étaient présents .

MM. Dupuy de Lôme, conseiller d'État, directeur du matériel au ministère de la marine.

Jaurès, vice-amiral.

Vte Excelmans, contre-amiral.

Comte De France, capitaine de frégate.

Rumeau, inspecteur général des ponts et chaussées.

Lebasteur, inspecteur général des ponts et chaussées.

De Fourcy, ingénieur en chef des ponts et chaussées.

Chevalier, ingénieur en chef des ponts et chaussées.

Pascal, ingénieur en chef des ponts et chaussées.

Hanet-Cléry, ingénieur des mines.

De Combarieu, officier supérieur de la marine impériale.

Sollier, ingénieur des constructions navales, membre du conseil des travaux au ministère de la marine.

Visinié, ingénieur en chef des constructions navales des Messageries impériales.

Des Faudais, commandant des paquebots des Messageries impériales.

Voisin Bey, ingénieur en chef des ponts et chaussées, directeur général des travaux du Canal de Suez.

Alexandre Lavalley, ingénieur, entrepreneur des travaux du Canal.

Borel, ingénieur, entrepreneur des travaux du Canal.

Guichard, chef du service du transit de la Compagnie en Egypte.

Laroche, ingénieur des ponts et chaussées, chef de la division de Port-Saïd.

Larousse, ingénieur hydrographe de la marine, chef de la divison de Suez.

Gioia, ingénieur, chef de la division d'El Guisr.

Cadiat, ingénieur des constructions navales, chef du service des travaux à Paris.

Buquet, ingénieur attaché au service du transit.

Comité de direction.

MM. Ferdinand de Lesseps, Président-Directeur de la Compagnie.

Duc d'Albufera, vice-président.

Comte de Lesseps, sénateur.

Baron Jules de Lesseps.

Vicomte Tirlet.

—

Victor Delamalle, membre du Conseil d'administration.

Paul Merruau, secrétaire général de la Compagnie.

Marius Fontane, chef du bureau de l'exploitation, à Paris.

Charles de Lesseps, secrétaire du Président.

La Commission se réunissait pour la dernière fois et se séparait le 14 novembre, après avoir successivement étudié les questions que vous lui aviez soumises.

A quelques-unes de ces questions, la Commission a pu répondre d'une manière catégorique; à d'autres il ne lui a pas paru utile ou possible, au moins pour le moment, de donner une réponse définitive.

J'ai l'honneur de vous adresser le procès-verbal de ses délibérations, dont je crois devoir consigner ici un court résumé.

PREMIÈRE QUESTION.

Quelle vitesse minimum doivent atteindre les navires pour pouvoir gouverner?

Il a été reconnu qu'une vitesse effective de 3 nœuds, c'est-à-dire de 5 kilomètres 1/2 à l'heure, serait suffisante pour gouverner dans le Canal, mais, comme pour certaines machines le nombre de tours de roue correspondant à cette vitesse ne permettrait pas de leur imprimer un mouvement régulier, il a paru nécessaire de porter le minimum de la marche effective à 4 nœuds ou à 7 kilomètres environ.

DEUXIÈME QUESTION.

Quelle vitesse maximum pourront atteindre ces mêmes navires, sans menacer sérieusement les travaux du Canal?

Cette vitesse a paru devoir varier avec les circonstances locales, c'est-à-dire avec la nature du terrain et la section du Canal; mais sans entrer ici dans aucun détail, il nous suffira de dire que la nécessité de faire transiter le plus rapidement possible, d'une mer à l'autre, les navires à vapeur postaux, sans attente ni retard, a déterminé la Commission à admettre, pour les steamers, une vitesse moyenne de 10 kilomètres à l'heure, qui pourra leur permettre de franchir le Canal en 16 heures, sa longueur étant de 162 kilomètres.

Les voiliers pourront le franchir avec une vitesse moyenne de 6 à 8 kilomètres à l'heure, et par conséquent en moins de 24 heures en tout, dans les circonstances ordinaires.

TROISIÈME QUESTION.

Combien de voiliers pourront-ils être remorqués en un seul train?

Quel mode de remorquage assure la plus grande sécurité?

La Commission n'a pas cru devoir entrer dans l'examen des mesures de détail que comporte cette question.

Il lui a semblé préférable de laisser à la pratique le soin d'en indiquer la solution.

QUATRIÈME QUESTION.

Sur quels points du canal convient-il d'étudier la création de garages destinés à faciliter les croisements ?

La construction du canal comporte déjà trois grands garages, l'un à Kantara, l'autre dans le lac Timsah et le troisième dans les lacs Amers. Ce nombre de gares n'a pas paru à la Commission offrir une suffisante élasticité pour le service, et sans rien préjuger d'ailleurs sur la liberté ultérieure des croisements en plein Canal, elle a pensé que, pour assurer la rapidité des passages et la sécurité de l'exploitation, il y avait lieu de créer dix nouveaux garages de moindre dimension, échelonnés à peu près également sur tout le parcours du Canal, et distants moyennement de 11 à 12 kilomètres, en subordonnant leur position précise aux circonstances locales et aux convenances du service.

CINQUIÈME QUESTION.

Quelle sera l'influence des marées de Suez sur la navigation dans la partie du Canal qui relie le port aux lacs Amers ?

Cette influence doit-elle astreindre la Compagnie à y su-

bordonner ses opérations de transit des voiliers, en divisant le temps par périodes de 25 heures au lieu de 24 ?

L'intérêt que les navires peuvent avoir à profiter des mouvements de la marée, dans la partie du Canal comprise entre Suez et les lacs Amers, n'a pas paru contestable. Mais il n'en a pas été de même de la nécessité d'y subordonner les mouvements de la navigation. Cette question ne pourra être résolue que lorsqu'on connaîtra le régime des marées dans cette partie du Canal, et l'expérience seule peut prononcer à ce sujet. Une solution actuelle serait donc prématurée et n'aurait du reste que peu d'intérêt, parce que toute bonne organisation de service fondée sur une journée de 24 heures pourrait aisément s'adapter à une journée ou période de 25 heures, le grand nombre de garages offrant à cet égard toute facilité.

SIXIÈME QUESTION.

L'obligation de recevoir un pilote à bord doit-elle s'étendre aux navires d'un jaugeage inférieur à 30 tonneaux ?

La Commission, partageant la pensée qui a été exprimée par M. le président-directeur de « prendre à cet égard la décision la plus libérale, » a été d'avis de n'astreindre au remorquage et au pilotage que les voiliers d'un jaugeage supérieur à 50 tonneaux.

Quant aux bateaux d'un jaugeage inférieur, elle a pensé qu'il convenait de leur laisser, sous leur responsabilité, la liberté de naviguer sans être remorqués ni pilotés, sauf à restreindre cette tolérance, si l'expérience venait à en démontrer la nécessité.

SEPTIÈME QUESTION.

Y a-t-il lieu d'éclairer et de baliser le Canal dans toutes ses parties ?

Et quel mode convient-il d'adopter dans les parties à éclairer et à baliser ? Soit :

Dans les portions du Canal proprement dit ?

Dans le lac Timsah ?

Dans les grands lacs Amers ?

Dans les petits lacs Amers ?

Dans les ports ?

Canal proprement dit.

Le Canal proprement dit comprend toutes les parties dont les berges offrent un relief plus ou moins élevé au-dessus de l'eau, c'est-à-dire tout le Canal à l'exception de la traversée du lac Timsah et des lacs Amers. L'existence de ces berges, dont la vue est très-apparente puisqu'elles ont 2 mètres de hauteur au minimum, a paru devoir offrir aux pilotes une indication suffisante pour leur permettre de maintenir les plus grands navires dans les limites, d'ailleurs assez larges, des grandes profondeurs du Canal, et a fait mettre en doute la nécessité d'un balisage de jour et d'un éclairage de nuit. La prudence commande toutefois de consulter l'expérience à ce sujet, et il a été entendu que des essais de navigation de jour et de nuit seraient faits le plus tôt possible dans une partie terminée du Canal, de

manière à être fixé, bien avant l'ouverture du Canal à
la grande navigation, sur les mesures qu'il pourrait y
avoir lieu de prendre.

Lac Timsah.

Ce lac, n'offrant pas naturellement un tirant d'eau de
8 mètres, a dû être approfondi dans la ligne du Canal.
Mais à l'exception des parties extrêmes vers les rives du
lac, les berges du Canal sont restées noyées et un balisage est nécessaire pour les signaler. Ce balisage doit
être effectué au moyen d'un système de balises ou de
bouées pour le jour et d'un système de feux pour la
nuit. Ces appareils seront disposés sur les deux rives
du Canal et espacés de 500 mètres pour les balises ou
bouées et de 2 kilomètres pour les feux.

Grands lacs Amers.

A l'exception des parties extrêmes, les grands lacs
offrent une profondeur d'eau naturelle, égale ou supé-
rieure à celle du Canal, et sur une largeur telle que la
ligne de navigation n'aura pas besoin d'être balisée
dans l'intérieur des lacs.

Quant aux parties extrêmes où les berges du Canal
sont noyées, la Commission a été d'avis d'en marquer
l'entrée par deux fanaux ordinaires placés en face l'un
de l'autre et montés sur charpente fixe, et par un feu
élevé de 13 mètres au moins, placé au large, dans le
prolongement de la ligne d'axe du Canal et à 1 kilomètre environ de son extrémité. Les charpentes qui
supportent ces feux ou fanaux devront être disposés

de manière à servir d'amers. A la sortie des lacs, les parties du Canal dont les berges sont submergées devront être balisées, ainsi qu'il a été dit pour les parties semblables dans la traversée du lac Timsah.

Petits lacs Amers.

Comme le lac Timsah, les petits lacs Amers n'offrent pas naturellement la profondeur nécessaire et ont dû être creusés pour le passage du Canal. Comme pour le lac Timsah également, les berges du Canal seront submergées et devront être balisées de la même manière dans les parties droites. Quant aux parties courbes que présente le tracé du Canal dans cette partie, l'une, destinée à former un grand garage, offre déjà, au plafond, sur la plus grande partie une largeur de 44 mètres, qui devra être étendue à toute sa longueur ; l'autre est peu saillante et peu étendue, et il suffira, pour en atténuer notablement les inconvénients, d'en enlever l'onglet supérieur, en commençant l'élargissement aux points de tangence des alignements qui précèdent et qui suivent. Indépendamment de ces élargissements, il y aura lieu de baliser les courbes, d'un côté, par l'établissement de feux à terre dans le prolongement des alignements droits, et, de l'autre, par une simple ligne de signaux disposés sur la rive concave du Canal, et espacés de manière que la ligne joignant deux signaux successifs passe à 20 mètres environ de l'arête convexe du plafond dans la partie la plus saillante.

PORTS.

Port-Saïd.

La Commission adopte le système d'éclairage suivant :

Deux fanaux de port de quatrième ordre, l'un sur le musoir de la jetée ouest, l'autre sur le musoir de la jetée est.

Deux petits feux de lanterne à l'entrée du chenal proprement dit, installés, l'un sur la rive Asie, à l'angle ouest du saillant sud de l'avant-port; l'autre, vis-à-vis, sur la rive Afrique.

Un phare de premier ordre de 20 milles de portée, établi dans les terres, à un kilomètre de celui qui existe actuellement, de manière à former le sommet d'angle du chenal d'accès de la rade au port et du grand alignement droit de 50 kilomètres environ que présente le Canal depuis Kantara jusqu'à Port-Saïd.

L'ensemble de ces feux permet à tout navire de se diriger convenablement, soit pour passer de la rade dans le chenal d'avant-port et pour bien se maintenir dans ce chenal malgré l'éloignement des jetées, soit pour passer de l'avant-port dans le port intérieur et inversement. Il éclaire, enfin, le long alignement droit du Canal qui précède Port-Saïd.

La Commission appelle, en outre, l'attention de la Compagnie sur l'intérêt que le phare projeté présente pour la navigation, et elle signale la nécessité de mettre à l'étude les dispositions provisoires à prendre, en attendant son établissement, pour assurer la direction d'entrée dans le chenal, dans le cas où cet appareil ne paraîtrait pas pouvoir fonctionner avant l'ouverture définitive du Canal au transit des navires.

Suez.

La Commission adopte le système d'éclairage suivant :

Cinq petits feux : Un premier à la tête de la jetée transversale de l'est ; un second sur le musoir de la digue ouest, à la pointe sud du terre-plein ; un troisième à l'entrée du bassin de l'arsenal, côté nord ; les deux derniers à l'entrée du Canal proprement dit, un sur chaque rive.

La Commission prévoit également l'utilité qu'il pourrait y avoir, dans l'avenir, à compléter cet ensemble par un grand feu de direction établi à terre ; mais elle constate la présence, en rade, d'un feu flottant établi et entretenu par le gouvernement égyptien, et, le jugeant suffisant pour le moment, elle adopte purement et simplement la création des cinq feux ci-dessus énumérés.

HUITIÈME ET NEUVIÈME QUESTION.

Quel tonneau type convient-il d'adopter comme base de la perception des droits ?

Quel rapport existe-t-il entre le tonneau type choisi et les tonneaux officiels des diverses nations ?

La Commission reconnaît que le tonneau officiel anglais serait le meilleur type à adopter. Mais elle constate qu'aucun rapport exact ne saurait être établi entre ce tonneau type et le tonnage officiel des autres nations, les jaugeages n'étant même pas toujours comparables entre navires d'un même pavillon.

La question de l'unification des jaugeages étant soumise actuellement à une commission internationale et une solution paraissant devoir intervenir prochainement ;

La Commission est d'avis qu'en attendant un règlement international, qui serait alors adopté, la Compagnie du Canal de Suez doit s'en tenir purement et simplement, pour la perception des droits, au tonnage établi par les papiers de bord sans distinction de pavillon.

Tel est, monsieur le Président-Directeur, le résultat sommaire des travaux de la Commission que vous avez nommée pour examiner les principales conditions de l'exploitation du Canal maritime de Suez.

Le Président de la Commission.

RUMEAU.

IMP. CENTRALE DES CHEMINS DE FER. — A. CHAIX ET Cⁱᵉ, RUE BERGÈRE, 20, PARIS. — 13712 8.

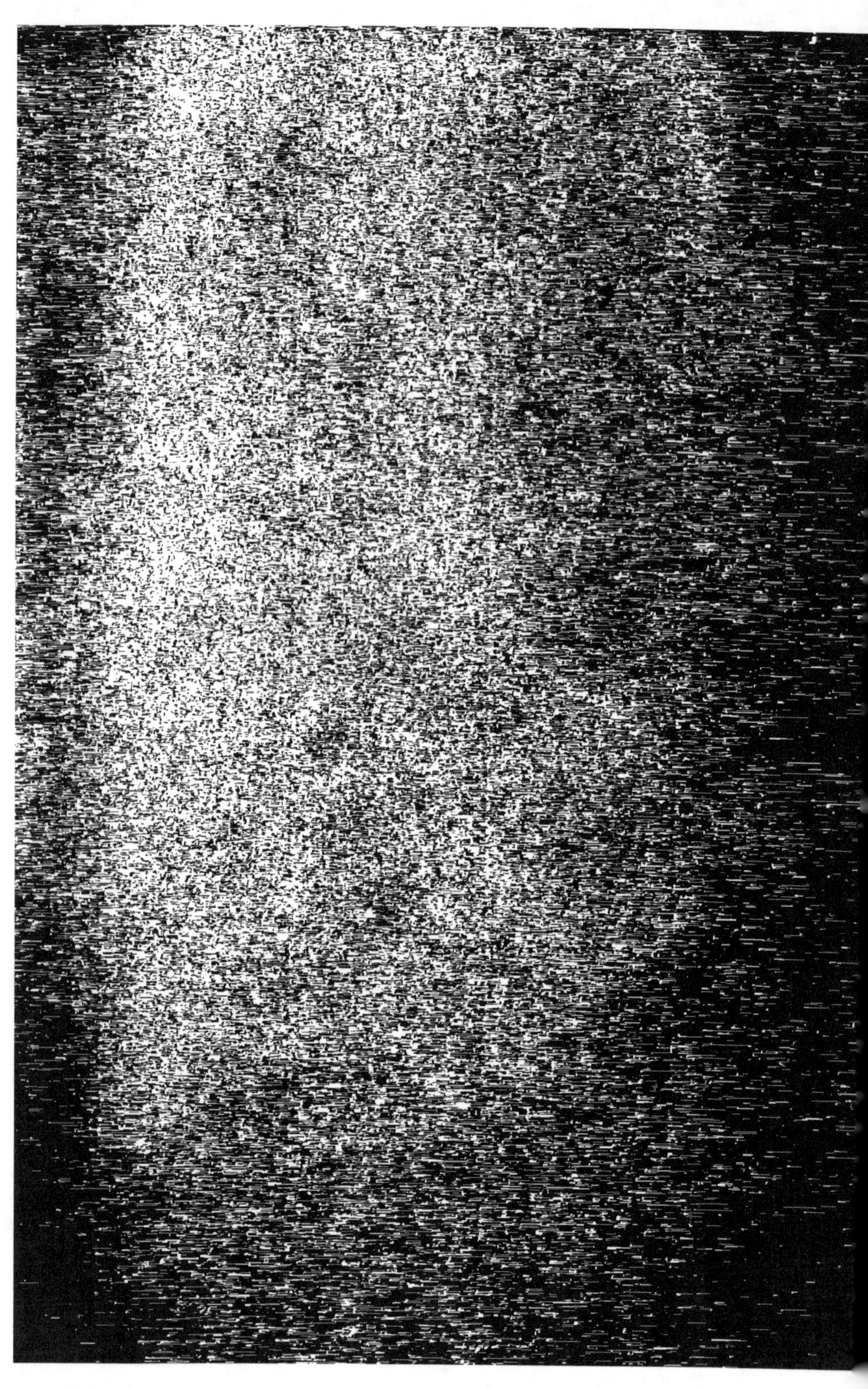